小山词

Ⓢ the Blue Poetry

晏几道——著

江苏凤凰文艺出版社
JIANGSU PHOENIX LITERATURE AND ART PUBLISHING, LTD
北京华语联合出版有限责任公司

代序

黄庭坚

晏叔原，临淄公之暮子也。磊隗权奇，疏于顾忌，文章翰墨，自立规摹，常欲轩轾人，而不受世之轻重。诸公虽称爱之，而又以小谨望之，遂陆沉于下位。平生潜心六艺，玩思百家，持论甚高，未尝以沽世。余尝怪而问焉。曰：“我盘跚勃窣，犹获罪于诸公，愤而吐之，是唾人面也。”乃独嬉弄于乐府之余，而寓以诗人之句法，清壮顿挫，能动摇人心。士大夫传之，以为有临淄之风耳，罕能味其言也。余尝论：叔原，固人英也，其痴亦自绝人。爱叔原者，皆愠而问其目。曰：“仕宦连蹇，而不能一傍贵人之门，是一痴也。论文自有体，不肯一作新进士语，此又一痴也。费资千百万，家人寒饥，而面有孺子之色，此又一痴也。人百负之而不恨，己信人，终不疑其欺己，此又一痴也。”乃共以为然。虽若此，至其乐府，可谓狎邪之大雅，豪士之鼓吹，其合者高唐、落神之流，其下者岂减桃叶、团扇哉？余少时间作乐府，以使酒玩世。道人法秀独罪余以笔墨劝淫，于我法中当下犁舌之狱，特未见叔原之作也。虽然，彼富贵得意，室有倩盼惠女，而主人好文，必当市致千金，家求善本。曰：独不得与叔原同时耶！若乃妙年美士，近知酒色之虞；苦节臞儒，晚悟裙裾之乐，鼓之舞之，使宴安酖毒而不悔，是则叔原之罪也哉！山谷道人序。

自序

《补亡》一编，补乐府之亡也。叔原往者，浮沉酒中，病世之歌词不足以析酲解愠，试续南部诸贤绪馀，作五、七字语，期以自娱。不独叙其所怀，兼写一时杯酒间见闻、所同游者意中事。尝思感物之情，古今不易，窃以谓篇中之意。昔人所不遗，第于今无传尔。故今所制，通以“补亡”名之。

始时，沈十二廉叔，陈十君龙，家有莲、鸿、苹、云，品清讴娱客。每得一解，即以草授诸儿。吾三人持酒听之，为一笑乐。已而君宠疾废卧家，廉叔下世，昔之狂篇醉句，遂与两家歌儿酒使俱流传于人间。自尔邮传滋多，积有串易。七月己巳，为高平公缀缉成编。追惟往昔过从饮酒之人，或垄木已长，或病不偶。考其篇中所记悲欢合离之事，如幻、如电，如昨梦前尘，但能掩卷怃然，感光阴之易迁，叹境缘之无实也。

目录

小山词

辑一

P.002~P.081

◎ 临江仙 ◎

斗草阶前初见，穿针楼上曾逢。
罗裙香露玉钗风。
靓妆眉沁绿，羞脸粉生红。
流水便随春远，行云终与谁同。
酒醒长恨锦屏空。
相寻梦里路，飞雨落花中。

◎ 又 ◎

身外闲愁空满，眼中欢事常稀。
明年应赋送君诗。
细从今夜数，相会几多时。
浅酒欲邀谁劝，深情惟有君知。
东溪春近好同归。
柳垂江上影，梅谢雪中枝。

◎ 那一年手眼相望，再相逢只在梦中。来世总会到来，当我再看见你的眼睛，愿你能做我永生的玫瑰。

◎ 这世间的相聚为何总是短暂？留在你身后的，除了背影，还有我那飘在风里不舍的语言。

◎ 又 ◎

淡水三年欢意，危弦几夜离情。
晓霜红叶舞归程。
客情今古道，秋梦短长亭。
渌酒尊前清泪，阳关叠里离声。
少陵诗思旧才名。
云鸿相约处，烟雾九重城。

◎ 又 ◎

浅浅馀寒春半，雪消蕙草初长。
烟迷柳岸旧池塘。
风吹梅蕊闹，雨细杏花香。
月堕枝头欢意，从前虚梦高唐。
觉来何处放思量。
如今不是梦，真个到伊行。

◎ 情谊纯净如水，离别烈如浓酒。在长长古道的尘埃里，就让我们彼此珍重吧！

◎ 是梦？不是梦。虚幻是人生的毒药，也是人生的解药。不必烦扰，若是有情人终将厮守。

◎ 又 ◎

长爱碧阑干影，芙蓉秋水开时。
脸红凝露学娇啼。
霞觞熏冷艳，云髻袅纤枝。
烟雨依前时候，霜丛如旧芳菲。
与谁同醉采香归？
去年花下客，今似蝶分飞。

◎ 又 ◎

旖旎仙花解语，轻盈春柳能眠。
玉楼深处绮窗前。
梦回芳草夜，歌罢落梅天。
沈水浓熏绣被，流霞浅酌金船。
绿娇红小正堪怜。
莫如云易散，须似月频圆。

◎ 荷花还是荷花，她亭亭玉立，她是冷艳的仙鹅。我害怕想起那片美丽的荷花，因为关于你的消息，我已一无所知。

◎ 人美，景美，歌美，酒美，一夕欢愉令人沉醉，让人忘返。

◎又◎

梦后楼台高锁，酒醒帘幕低垂。

去年春恨却来时。落花人独立，微雨燕双飞。

记得小蘋初见，两重心字罗衣。

琵琶弦上说相思。当时明月在，曾照彩云归。

◎ 从酒精中挣脱出来，只剩紧锁的楼阁。你去了哪里呢？寂寞花雨中的人，空留下那时落寞的背影。其实我不愿醒来，去面对没有你的空旷世界。

◎ 又 ◎

东野亡来无丽句，于君去后少交亲。
追思往事好沾巾。白头王建在，犹见咏诗人。
学道深山空自老，留名千载不干身。
酒筵歌席莫辞频。争如南陌上，占取一年春。

◎ 世事多冷暖，做人需要一些豪气，去冲淡这世界的所有不安。呐喊也是人类进步的一种方式。

◎蝶恋花◎

卷絮风头寒欲尽。
坠粉飘红，日日香成阵。
新酒又添残酒困，今春不减前春恨。
蝶去莺飞无处问。
隔水高楼，望断双鱼信。
恼乱层波横一寸，斜阳只与黄昏近。

◎又◎

初捻霜纨生怅望。
隔叶莺声，似学秦娥唱。
午睡醒来慵一饷，双纹翠簟铺寒浪。
雨罢蘋风吹碧涨。
脉脉荷花，泪脸红相向。
斜贴绿云新月上，弯环正是愁眉样。

◎ 我在残春埋下孤独的种子，把想念浇进去，然而天都已经黑了，却仍然长不出有关于你的任何消息。

◎ 在夏日的午后清醒，风把窗外美丽的景色吹进来，陪了我一整个下午。时间落到山的另一边，那月亮上明晃晃的东西，不是别的，正是我悄悄侵上心头的思念。

◎ 又 ◎

庭院碧苔红叶遍。金菊开时，已近重阳宴。
日日露荷凋绿扇，粉塘烟水澄如练。
试倚凉风醒酒面。雁字来时，恰向层楼见。
几点护霜云影转，谁家芦管吹秋怨？

◎ 秋天从树上掉下来，我开始疼痛起这个世界。我不忍踩过枯萎的、发黄的草，因为我看见了它的忧愁与哀怨。

◎又◎

喜鹊桥成催凤驾。天为欢迟，乞与初凉夜。
乞巧双蛾加意画，玉钩斜傍西南挂。
分钿擘钗凉叶下。香袖凭肩，谁记当时话。
路隔银河犹可借，世间离恨何年罢。

◎ 爱情是七夕这一天最美丽的注脚。那条银河打不败的，是牛郎与织女满是遗憾的爱情。

◎又◎

碧草池塘春又晚。
小叶风娇，尚学娥妆浅。
双燕来时还念远，珠帘绣户杨花满。
绿柱频移弦易断。
细看秦筝，正似人情短。
一曲啼乌心绪乱，红颜暗与流年换。

◎又◎

碾玉钗头双凤小。
倒晕工夫，画得宫眉巧。
嫩麴罗裙胜碧草，鸳鸯绣字春衫好。
三月露桃芳意早。
细看花枝，人面争多少。
水调声长歌未了，掌中杯尽东池晓。

◎ 再旖旎的春色，也敌不过时光的摧折，春天如此，人亦如此。

◎ 人如花般娇美，歌声婉转悠长，杯中之酒甜美而浓烈，让人沉醉。

◎ 又 ◎

醉别西楼醒不记。
春梦秋云，聚散真容易。
斜月半窗还少睡，画屏闲展吴山翠。
衣上酒痕诗里字。
点点行行，总是凄凉意。
红烛自怜无好计，夜寒空替人垂泪。

◎ 又 ◎

千叶早梅夸百媚。
笑面凌寒，内样妆先试。
月脸冰肌香细腻，风流新称东君意。
一捻年光春有味。
江北江南，更有谁相比。
横玉声中吹满地。好枝长恨无人寄。

◎ 那酒痕和诗痕，每一点一滴都是离别的苦痛。人生聚散无常，我就像那燃烧的蜡烛一样，守着一捧怀念，独自流泪心伤。

◎ 梅花比春天来得早，梅花比春天还要冷。我爱着梅花，爱它的绽放，爱它的凋零，爱它的不顾一切，就像爱着你一样。

◎ 又 ◎

金剪刀头芳意动。
彩蕊开时，不怕朝寒重。
晴雪半消花鬖髿，晓妆呵尽香酥冻。
十二楼中双翠凤。
缥缈歌声，记得江南弄。
醉舞春风谁可共，秦云已有鸳屏梦。

◎ 又 ◎

笑艳秋莲生绿浦。
红脸青腰，旧识凌波女。
照影弄妆娇欲语，西风岂是繁华主。
可恨良辰天不与。
才过斜阳，又是黄昏雨。
朝落暮开空自许，竟无人解知心苦。

◎ 歌者动心，舞者尽情，世界最美不过如此，怎奈得不到温暖的相守相知。

◎ 莲花是少女最美好的比喻，她们风华正茂，婀娜多姿，亭亭玉立，多愁善感。她们都是上苍最大的恩赐。

◎又◎

碧落秋风吹玉树。翠节红旌，晚过银河路。
休笑星机停弄杼，凤帏已在云深处。
楼上金针穿绣缕。谁管天边，隔岁分飞苦。
试等夜阑寻别绪，泪痕千点罗衣露。

◎ 又是七夕，一夜的尽情游戏，一夜的欢声笑语，抹不去明朝情人远在他乡的落寞。

◎又◎

碧玉高楼临水住。红杏开时，花底曾相遇。

一曲阳春春已暮，晓莺声断朝云去。

远水来从楼下路。过尽流波，未得鱼中素。

月细风尖垂柳渡，梦魂长在分襟处。

◎ 有时候爱情只需要一眼的时间，那短暂的相遇是我生命中最美的章节。相遇是甜的，相思是苦的，如果可以，我愿意苦上一万年。

◎又◎

梦入江南烟水路。
行尽江南，不与离人遇。
睡里消魂无说处，觉来惆怅消魂误。
欲尽此情书尺素。
浮雁沉鱼，终了无凭据。
却倚缓弦歌别绪，断肠移破秦筝柱。

◎又◎

黄菊开时伤聚散。
曾记花前，共说深深愿。
重见金英人未见，相思一夜天涯远。
罗带同心闲结遍。
带易成双，人恨成双晚。
欲写彩笺书别怨，泪痕早已先书满。

◎ 我走遍梦里的江南，还是寻不到你，信件载着我的思念，却没有任何方向可言。人生还有比这更断肠的事情吗？

◎ 黄菊盛开时，我们说了会再见；黄菊又盛开，你却没有如约而至。你叫我如何排遣这浩荡的感伤啊！

◎ 鹧鸪天 ◎

彩袖殷勤捧玉钟，当年拚却醉颜红。
舞低杨柳楼心月，歌尽桃花扇底风。
从别后，忆相逢，几回魂梦与君同。
今宵剩把银釭照，犹恐相逢是梦中。

◎ 又 ◎

一醉醒来春又残，野棠梨雨泪阑干。
玉笙声里鸾空怨，罗幕香中燕未还。
终易散，且长闲，莫教离恨损朱颜。
谁堪共展鸳鸯锦，同过西楼此夜寒。

◎ 那个曾带给我快乐的女子，那个住在我记忆里的女子，不要怪我心生不安，我是如此惧怕这一切的欢乐全都是一场虚无啊！

◎ 春天终究在醉梦中消失殆尽，因为太过怀念，我不是特别好。笙声哀怨，飞鸟不还，这时光让我过得未免有些凄惨。

◎又◎

梅蕊新妆桂叶眉，小莲风韵出瑶池。
云随绿水歌声转，雪绕红绡舞袖垂。
伤别易，恨欢迟，惜无红锦为裁诗。
行人莫便消魂去，汉渚星桥尚有期。

◎又◎

守得莲开结伴游，约开萍叶上兰舟。
来时浦口云随棹，采罢江边月满楼。
花不语，水空流。年年拼得为花愁。
明朝万一西风动，争向朱颜不耐秋。

◎ 你的盛情曼舞掀起我心里的垂帘，我却无以为敬，只有珍重，珍重，更待重逢时。

◎ 在春光正盛的时候，结伴去采莲，小船拨乱了水面的心跳，直到月光漫漫才回去。珍惜这美好吧，毕竟花开易落人易老。

◎又◎

斗鸭池南夜不归，酒阑纨扇有新诗。
云随碧玉歌声转，雪绕红琼舞袖回。
今感旧，欲沾衣，可怜人似水东西。
回头满眼凄凉事，秋月春风岂得知。

◎又◎

当日佳期鹊误传，至今犹作断肠仙。
桥成汉渚星波外，人在鸾歌凤舞前。
欢尽夜，别经年，别多欢少奈何天。
情知此会无长计，咫尺凉蟾亦未圆。

◎ 曾经的欢快悠游，早已随星散四方的人一起消散了，似乎也只有我还记得。

◎ 也许没有人能够了解，牛郎与织女每年那一天的相聚有多快乐，也没有人能够懂得，那三百六十四天的相思有多苦涩。

◎ 又 ◎

题破香笺小研红，诗篇多寄旧相逢。
西楼酒面垂垂雪，南苑春衫细细风。
花不尽，柳无穷，别来欢事少人同。
凭谁问取归云信，今在巫山第几峰。

◎ 又 ◎

清颍尊前酒满衣，十年风月旧相知。
凭谁细话当时事，肠断山长水远诗。
金凤阙，玉龙墀，看君来换锦袍时。
姮娥已有殷勤约，留着蟾宫第一枝。

◎ 花开柳盛，这如此美好的春景，自从分别后，便再没人能与我共赏了。

◎ 多年前你我是如此狂放不羁，而如今早已物是人非。愿君的明日一片光明，事事顺心遂愿。

◎又◎

醉拍春衫惜旧香，天将离恨恼疏狂。
年年陌上生秋草，日日楼中到夕阳。
云渺渺，水茫茫，征人归路许多长。
相思本是无凭语，莫向花笺费泪行。

◎又◎

小令尊前见玉箫，银灯一曲太妖娆。
歌中醉倒谁能恨，唱罢归来酒未消。
春悄悄，夜迢迢，碧云天共楚宫遥。
梦魂惯得无拘检，又踏杨花过谢桥。

◎ 秋草一遍遍地重生，夕阳日日灌满阁楼，又日日褪去。岁月如此频繁地流转，却怎么不见你归来呢？

◎ 我在灯光下醉倒，我在歌声中沦陷。春天默默走近，相聚已过期，我想我只剩下一副躯壳，灵魂早已丢失在那相遇里。

◎ 又 ◎

楚女腰肢越女腮，粉圆双蕊髻中开。
朱弦曲怨愁春尽，渌酒杯寒记夜来。
新掷果，旧分钗，冶游音信隔章台。
花间锦字空频寄，月底金鞍竟未回。

◎ 又 ◎

十里楼台倚翠微，百花深处杜鹃啼。
殷勤自与行人语，不似流莺取次飞。
惊梦觉，弄晴时，声声只道不如归。
天涯岂是无归意，争奈归期未可期。

◎ 红色的琴弦弹出了我的幽怨，寄出的思念之信如石投大海。我思念的人啊，你真的不会回来了吗？

◎ 羁旅行人，只知前路漫漫，行走天涯。归期，只能在杜鹃的声声啼叫里浅浅地听。

◎ 又 ◎

陌上濛濛残絮飞，杜鹃花里杜鹃啼。
年年底事不归去，怨月愁烟长为谁。
梅雨细，晓风微，倚楼人听欲沾衣。
故园三度群花谢，曼倩天涯犹未归。

◎ 又 ◎

晓日迎长岁岁同，太平箫鼓间歌钟。
云高未有前村雪，梅小初开昨夜风。
罗幕翠，锦筵红，钗头罗胜写宜冬。
从今屈指春期近，莫使金尊对月空。

◎ 不如归去，家园有意，前路含情，行走四方的旅人默默只得错过。

◎ 天已渐长，春天还会远吗？春日苦短，不要辜负了好时光。

◎又◎

小玉楼中月上时，夜来惟许月华知。
重帘有意藏私语，双烛无端恼暗期。
伤别易，恨欢迟，归来何处验相思。
沈郎春雪愁消臂，谢女香膏懒画眉。

◎又◎

手捻香笺忆小莲，欲将遗恨倩谁传。
归来独卧逍遥夜，梦里相逢酩酊天。
花易落，月难圆，只应花月似欢缘。
秦筝算有心情在，试写离声入旧弦。

◎ 坐在窗前，月光揉进我深深的思念，在我的情绪里不断膨胀。君在外，妆容再美有何用，又能给谁看呢？

◎ 茫茫人海看不到边际，我独独为你倾心。小莲，愿这些词句成为我们永生的纪念。

◎又◎

九日悲秋不到心，凤城歌管有新音。
风凋碧柳愁眉淡，露染黄花笑靥深。
初见雁，已闻砧，绮罗丛里胜登临。
须教月户纤纤玉，细捧霞觞滟滟金。

◎又◎

碧藕花开水殿凉，万年枝外转红阳。
升平歌管随天仗，祥瑞封章满御床。
金掌露，玉炉香，岁华方共圣恩长。
皇州又奏圜扉静，十样宫眉捧寿觞。

◎ 莺歌燕舞，觥筹交错，热闹的宴会人声鼎沸。在重阳节这样的节日里，是登高缅怀，还是饮酒作乐？留予后人说。

◎ 这是一个昌明的时代，沐浴着帝王的浩荡恩德。

◎ 又 ◎

绿橘梢头几点春，似留香蕊送行人。
明朝紫凤朝天路，十二重城五碧云。
歌渐咽，酒初醺，尽将红泪湿湘裙。
赣江西畔从今日，明月清风忆使君。

◎ 前路如此漫漫，请君珍重，我会把与你有关的念想，都放进风里，让它捎给你。

◎生查子◎

金鞭美少年，去跃青骢马。

牵系玉楼人，绣被春寒夜。

消息未归来，寒食梨花谢。

无处说相思，背面秋千下。

◎ 骏马扬起的尘埃还未落地，而我的心事早已生根。等待是一种慢性的病症，煎熬着我的人生。

◎又◎

轻匀两脸花，淡扫双眉柳。
会写锦笺时，学弄朱弦后。
今春玉钏宽，昨夜罗裙皱。
无计奈情何，且醉金杯酒。

◎又◎

关山魂梦长，鱼雁音尘少。
两鬓可怜青，只为相思老。
归梦碧纱窗，说与人人道。
真个别离难，不似相逢好。

◎ 你的深情，我心相知，却难以表露，又无以为报，只得纪念于此情此景中。

◎ 相思熬白了我的黑发，熬皱了我的皮肤，远方的你啊何时归来？好让我把所有的思念都说给你听。

◎ 又 ◎

坠雨已辞云，流水难归浦。
遗恨几时休，心抵秋莲苦。
忍泪不能歌，试托哀弦语。
弦语愿相逢，知有相逢否。

◎ 又 ◎

一分残酒霞，两点愁蛾晕。
罗幕夜犹寒，玉枕春先困。
心情剪彩慵，时节烧灯近。
见少别离多，还有人堪恨。

◎ 我把所有的情思都放进琴声里，那些离去，那些遗恨，像风声一般，从掌心流失了。

◎ 佳节渐近，欢闹日渐浓重，与此同时，离愁别绪也在心中蒸腾起苦涩的云烟。

◎ 又 ◎

轻轻制舞衣，小小裁歌扇。
三月柳浓时，又向津亭见。
垂泪送行人，湿破红妆面。
玉指袖中弹，一曲清商怨。

◎ 又 ◎

红尘陌上游，碧柳堤边住。
才趁彩云来，又逐飞花去。
深深美酒家，曲曲幽香路。
风月有情时，总是相思处。

◎ 悉心准备，只为你离别时的那一抹惊艳。

◎ 旅程匆匆，好景匆匆，如果万事万物都有了情怀，那整个世界都将被相思所淹没。

◎又◎

长恨涉江遥，移近溪头住。
闲荡木兰舟，误入双鸳浦。
无端轻薄云，暗作廉纤雨。
翠袖不胜寒，欲向荷花语。

◎又◎

远山眉黛长，细柳腰肢袅。
妆罢立春风，一笑千金少。
归去凤城时，说与青楼道。
遍看颍川花，不似师师好。

◎ 弃我去者，昨日之日不再有；哀我凄者，今日之日概难无。

◎ 若没使春风倾倒的容貌，怎能占得群芳第一枝。

◎又◎

落梅庭榭香，芳草池塘绿。
春恨最关情，日过阑干曲。
几时花里闲，看得花枝足。
醉后莫思家，借取师师宿。

◎又◎

狂花顷刻香，晚蝶缠绵意。
天与短因缘，聚散常容易。
传唱入离声，恼乱双蛾翠。
游子不堪闻，正是衷肠事。

◎ 跟着春天一起来的，是我思家的惆怅；比花落更让人难过的，大概也就是如此了吧。

◎ 游子是漂泊的浪人，与家乡有关的一切总会勾起心底思念的苦涩和痛感。聚散在别人看来是小事，可对游子来说，却是大事。

◎又◎

官身几日闲，世事何时足。
君貌不长红，我鬓无重绿。
榴花满盏香，金缕多情曲。
且尽眼中欢，莫叹时光促。

◎又◎

春从何处归，试向溪边问。
岸柳弄娇黄，陇麦回青润。
多情美少年，屈指芳菲近。
谁寄岭头梅，来报江南信。

◎ 何必为了那世俗的冷暖而苦恼，享受当下美好的时光不好吗？要知道，辜负时光可是一件罪大恶极的事情。

◎ 春天从溪水里顺流而来，吵醒了少年的梦。

◎南乡子◎

渌水带青潮，水上朱阑小渡桥。
桥上女儿双笑靥，
妖娆，倚着阑干弄柳条。
月夜落花朝，减字偷声按玉箫。
柳外行人回首处，
迢迢，若比银河路更遥。

◎又◎

小蕊受春风，日日宫花花树中。
恰向柳绵撩乱处，
相逢，笑靥旁边心字浓。
归路草茸茸，家在秦楼更近东。
醒去醉来无限事，
谁同？说着西池满面红。

◎ 是桥上女子的娇娆，装点了风景，也装点了看景人的梦。

◎ 在美好的时节相遇，柳绿絮白，笑靥如花。人生不过那些酒醉梦醒的事，你我虽经历过，但也会留下细微遗憾。

◎又◎

花落未须悲，红蕊明年又满枝。
惟有花间人别后，
无期，水阔山长雁字迟。
今日最相思，记得攀条话别离。
共说春来春去事，
多时，一点愁心入翠眉。

◎又◎

何处别时难？玉指偷将粉泪弹。
记得来时楼上烛，
初残，待得清霜满画阑。
不惯独眠寒，自解罗衣衬枕檀。
百媚也应愁不睡，
更阑，恼乱心情半被闲。

◎ 我见过太多的花落，也见过太多的花开；我见过太多的春去，也见过太多的春来。可我何时能见到你？

◎ 离别是眼泪的引子，哀愁与思念不尽，让我无法入睡。烦乱的情绪层层叠加，成为生命里硕大的苦果。

◎又◎

画鸭懒熏香，绣茵犹展旧鸳鸯。
不似同衾愁易晓，
空床，细剔银灯怨漏长。
几夜月波凉，梦魂随月到兰房。
残睡觉来人又远，
难忘，便是无情也断肠。

◎又◎

眼约也应虚，昨夜归来凤枕孤。
且据如今情分里，
相于，只恐多时不似初。
深意托双鱼，小剪蛮笺细字书。
更把此情重问得，
何如？共结因缘久远无。

◎ 清冷的月光铺满空荡的床，独灯缥缈。其实孤单并不是因为独自一人，而是想起了你。

◎ 我心拳拳相依，不知君何所想。只愿充满深情的书信，能探明你未知的内心。

◎又◎

新月又如眉，长笛谁教月下吹。
楼倚暮云初见雁，南飞，漫道行人雁后归。
意欲梦佳期，梦里关山路不知。
却待短书来破恨，应迟，还是凉生玉枕时。

◎ 清月高悬，笛声悠悠，飞雁叼着我的思念飞向南方。迟迟不来的信件，焦急了我的心思，只剩深秋的寒意浸染了我的枕席。

◎清平乐◎

留人不住，醉解兰舟去。
一棹碧涛春水路，过尽晓莺啼处。
渡头杨柳青青，枝枝叶叶离情。
此后锦书休寄，画楼云雨无凭。

◎ 你离开了，带走一船相思，留给我长长的不舍。我不会给你写信，就让此刻的诀别成为我永生的绝望。

◎又◎

千花百草，送得春归了。
拾蕊人稀红渐少，叶底杏青梅小。
小琼闲抱琵琶，雪香微透轻纱。
正好一枝娇艳，当筵独占韶华。

◎又◎

烟轻雨小，紫陌香尘少。
谢客池塘生绿草，一夜红梅先老。
旋题罗带新诗，重寻杨柳佳期。
强半春寒去后，几番花信来时。

◎ 你是一枝永不凋谢的花朵，即使繁花落尽，叶落秋残，你仍然惊艳无比。

◎ 只是一夜的轻雨，我们便挽留不住春天了。

◎又◎

可怜娇小，掌上承恩早。
把镜不知人易老，欲占朱颜长好。
画堂秋月佳期，藏钩赌酒归迟。
红烛泪前低语，绿笺花里新词。

◎又◎

红英落尽，未有相逢信。
可恨流年凋绿鬓，睡得春酲欲醒。
钿筝曾醉西楼，朱弦玉指梁州。
曲罢翠帘高卷，几回新月如钩。

◎ 手握青春，便不懂年华容易消逝，只管游戏人间，不管风雨。

◎ 恼恨的是那醒来满眼的花瓣离开了花朵，也不知柔情如你会飘落到何方。

◎又◎

春云绿处，又见归鸿去。
侧帽风前花满路，冶叶倡条情绪。
红楼桂酒新开，曾携翠袖同来。
醉弄影娥池水，短箫吹落残梅。

◎又◎

波纹碧皱，曲水清明后。
折得疏梅香满袖，暗喜春红依旧。
归来紫陌东头，金钗换酒消愁。
柳影深深细路，花梢小小层楼。

◎ 春日里把酒欢歌，所有欢情仍在，一切看似美好，只是旧人未至。

◎ 春天是大自然赐予我们最好的礼物：曲折的水，幽香的梅，大路两旁柳的美。

◎又◎

西池烟草，恨不寻芳早。
满路落花红不扫，春色渐随人老。
远山眉黛娇长，清歌细逐霞觞。
正在十洲残梦，水心宫殿斜阳。

◎又◎

蕙心堪怨，也逐春风转。
丹杏墙东当日见，幽会绿窗题遍。
眼中前事分明，可怜如梦难凭。
都把旧时薄幸，只消今日无情。

◎ 晚春游赏美景，不由得感叹这春光易老，稍有拖延，便很容易就辜负这美好的春天。

◎ 那时的心意相通，温暖有情。如今怀念汹涌，守着美好的回忆独自哀伤。

◎又◎

幺弦写意，意密弦声碎。
书得凤笺无限事，犹恨春心难寄。
卧听疏雨梧桐，雨馀淡月朦胧。
一夜梦魂何处，那回杨叶楼中。

◎又◎

笙歌宛转，台上吴王宴。
宫女如花倚春殿，舞绽缕金衣线。
酒阑画烛低迷，彩鸳惊起双栖。
月底三千绣户，云间十二琼梯。

◎ 听不得那细密的琴声，声声撕裂我心；见不得那幽幽月光，照得我心忧伤。无比思念的人啊，难道我只能和你在梦里相见了吗？

◎ 一时欢愉难再续，倾世佳人难再得。

◎又◎

暂来还去，轻似风头絮。
纵得相逢留不住，何况相逢无处。
去时约略黄昏，月华却到朱门。
别后几番明月，素娥应是消魂。

◎又◎

双纹彩袖，笑捧金船酒。
娇妙如花轻似柳，劝客千春长寿。
艳歌更倚疏弦，有情须醉尊前。
恰是可怜时候，玉娇今夜初圆。

◎ 柔软的月光，不知是第几次洒满你的门前；离别的痛楚，也不知道是第几次落满你的房间。

◎ 还记得那时的你吗？正是年华曼妙时，回眸顾盼总是情。

◎又◎

寒催酒醒，晓陌飞霜定。
背照画帘残烛影，斜月光中人静。
锦衣才子西征，万重云水初程。
翠黛倚门相送，鸾肠断处离声。

◎又◎

莲开欲遍，一夜秋声转。
残绿断红香片片，长是西风堪怨。
莫愁家住溪边，采莲心事年年。
谁管水流花谢，月明昨夜兰船。

◎ 凄寒的清晨，从醉酒中醒来。车辙的这一头，是我向西延展的不舍，那一头，是你望眼欲穿的愁肠。

◎ 记忆是如此遥远的词语，像一只手，拨乱我的心弦。相思里原本薄薄的尘埃，不知为何，竟变得如此厚重。

◎ 又 ◎

沉思暗记，几许无凭事。
菊蕊开残秋少味，闲却画阑风意。
梦云归处难寻，微凉暗入香襟。
犹恨那回庭院，依前月浅灯深。

◎ 又 ◎

莺来燕去，宋玉墙东路。
草草幽欢能几度，便有系人心处。
碧天秋月无端，别来长照关山。
一点恹恹谁会，依前凭暖阑干。

◎ 时节凄凉，我心忧伤，眼前风物依旧，伊人却在何方？

◎ 虽是短暂的相聚，但行路人的身影已深深烙在心里。你已远去，可我对你的思念却仍未出行，在我这里堆叠成山。

◎ 又 ◎

心期休问，只有尊前分。

勾引行人添别恨，因是语低香近。

劝人满酌金钟，清歌唱彻还重。

莫道后期无定，梦魂犹有相逢。

◎ 把酒杯倒满，把欢歌重唱，莫管世间的相逢离愁，先享尽眼前欢乐吧。

小山词

辑二

◎木兰花◎

秋千院落重帘暮，彩笔闲来题绣户。
墙头丹杏雨馀花，门外绿杨风后絮。
朝云信断知何处，应作襄王春梦去。
紫骝认得旧游踪，嘶过画桥东畔路。

◎又◎

小颦若解愁春暮，一笑留春春也住。
晚红初减谢池花，新翠已遮琼苑路。
湔裙曲水曾相遇，挽断罗巾容易去。
啼珠弹尽又成行，毕竟心情无会处。

◎ 重过故园，风景犹在，伊人已杳。马儿总能认识归途，人却没有这个本领，何等无奈啊！

◎ 花红不再，柳绿遮路，季节更替是万物的归宿。离别容易相聚难，聚散无常是行走人生的必然。

◎又◎

小莲未解论心素，狂似钿筝弦底柱。
脸边霞散酒初醒，眉上月残人欲去。
旧时家近章台住，尽日东风吹柳絮。
生憎繁杏绿阴时，正碍粉墙偷眼觑。

◎又◎

风帘向晓寒成阵，来报东风消息近。
试从梅蒂紫边寻，更绕柳枝柔处问。
来迟不是春无信，开晚却疑花有恨。
又应添得几分愁，二十五弦弹未尽。

◎ 醉意朦胧，你的琴声婉转，捆绑住我的心思。曾几何时的欢愉，是我无法忘却的美好。

◎ 东风吹来春天的消息，柳枝冒出新芽跟着附和。请不要责怪春天的脚步迟缓，也许是花朵学得了人的情感，将愁绪放到了花开里。

◎ 又 ◎

念奴初唱离亭宴，会作离声勾别怨。
当时垂泪忆西楼，湿尽罗衣歌未遍。
难逢最是身强健，无定莫如人聚散。
已拚归袖醉相扶，更恼香檀珍重劝。

◎ 又 ◎

玉真能唱朱帘静，忆在双莲池上听。
百分蕉叶醉如泥，却向断肠声里醒。
夜凉水月铺明镜，更看娇花闲弄影。
曲终人意似流波，休问心期何处定。

◎ 无限思念尽在别样的歌声里，情动深处，不忍听。

◎ 荷花盛满月光，娇嫩美艳，我在花池上醉看夜景，不禁回忆澎湃，伤感丛生。虽然歌声终有结束时，但思念却无了却日。

◎ 又 ◎

阿茸十五腰肢好，天与怀春风味早。
画眉匀脸不知愁，殢酒熏香偏称小。
东城杨柳西城草，月会花期如意少。
思量心事薄轻云，绿镜台前还自笑。

◎ 又 ◎

初心已恨花期晚，别后相思长在眼。
兰衾犹有旧时香，每到梦回珠泪满。
多应不信人肠断，几夜夜寒谁共暖。
欲将恩爱结来生，只恐来生缘又短。

◎ 岁月静好，美好的年华里没有忧愁，没有沉重的心事，满足于自我成长，或许这才是人生应有的态度。

◎ 离别让人心碎，想念让人断肠。多想在冰冷的夜晚感受到你的温度，就这样依偎整个人生。

◎减字木兰花◎

长亭晚送，都似绿窗前日梦。
小字还家，恰应红灯昨夜花。
良时易过，半镜流年春欲破。
往事难忘，一枕高楼到夕阳。

◎又◎

留春不住，恰似年光无味处。
满眼飞英，弹指东风太浅情。
筝弦未稳，学得新声难破恨。
转枕花前，且占香红一夜眠。

◎ 你虽已远走，但与你有关的往事历历在目，那些美好时光怎能忘却。

◎ 春天值得惋惜，因为它太短暂了，既然如此，就让我睡在花前，独自占有这春天的味道。

◎ 又 ◎

长杨辇路，绿满当年携手处。
试逐春风，重到宫花花树中。
芳菲绕遍，今日不如前日健。
酒罢凄凉，新恨犹添旧恨长。

◎ 曾经一起走过的风景，依旧满眼盎然，如今绿意依旧，人却不再从前。绵延悠长的怅惘啊，何时才能是个头？

◎泛清波摘遍◎

催花雨小，着柳风柔，都似去年时候好。露红烟绿，尽有狂情斗春早。长安道。秋千影里，丝管声中，谁放艳阳轻过了。倦客登临，暗惜光阴恨多少。

楚天渺。归思正如乱云，短梦未成芳草。空把吴霜鬓华，自悲清晓。帝城杳。双凤旧约渐虚，孤鸿后期难到。且趁朝花夜月，翠尊频倒。

◎ 漂泊的人是故乡的种子，在消逝的光阴里不断生长。旅途书写人生，归思是命运的根系，扎于内心深处。

◎洞仙歌◎

春残雨过，绿暗东池道。玉艳藏羞媚赪笑。
记当时、已恨飞镜欢疏，那至此，仍苦题花信少。
连环情未已，物是人非，月下疏梅似伊好。
澹秀色，黯寒香，粲若春容，何心顾、闲花凡草。
但莫使、情随岁华迁，便杳隔秦源，也须能到。

◎ 只经过一场冷雨，春天就开始收拾行李，准备离我而去。那满眼的残景，不禁浓重了我的愁情。

◎菩萨蛮◎

来时杨柳东桥路，曲中暗有相期处。
明月好因缘，欲圆还未圆。
却寻芳草去，画扇遮微雨。
飞絮莫无情，闲花应笑人。

◎又◎

个人轻似低飞燕，春来绮陌时相见。
堪恨两横波，恼人情绪多。
长留青鬓住，莫放红颜去。
占取艳阳天，且教伊少年。

◎ 她怀着满心欢喜赴约，青春里的爱情单纯而羞涩。善良的明月，愿你保佑这美好的因缘；清闲的花朵，请你不要调侃少女的心思。

◎ 不快的情绪就如生命的副作用，莫要当真。相爱并相惜，年轻的时候就明白如此道理，是很难得的人生经验。

◎ 又 ◎

莺啼似作留春语，花飞斗学回风舞。
红日又平西，画帘遮燕泥。
烟光还自老，绿镜人空好。
香在去年衣，鱼笺音信稀。

◎ 又 ◎

春风未放花心吐，尊前不拟分明语。
酒色上来迟，绿须红杏枝。
今朝眉黛浅，暗恨归时远。
前夜月当楼，相逢南陌头。

◎ 又是一年春天，春色依旧，万物像被定了闹钟一般按时复苏。多希望你的音信也如春天一样，按时到来啊！

◎ 莫管重逢在何时，但恋一杯贪欢酒。

◎又◎

娇香淡染胭脂雪，愁春细画弯弯月。
花月镜边情，浅妆匀未成。
佳期应有在，试倚秋千待。
满地落英红，万条杨柳风。

◎又◎

香莲烛下匀丹雪，妆成笑弄金阶月。
娇面胜芙蓉，脸边天与红。
玳筵双揭鼓，唤上花茵舞。
春浅未禁寒，暗嫌罗袖宽。

◎ 精心梳妆打扮，只为等待那应如约而至的爱情。花落满地，柳枝摇摆，来往的风声遥遥无期。

◎ 妆容精致，面若桃花，翩翩起舞的，是我初春里那爱慕的心跳。

◎ 又 ◎

哀筝一弄湘江曲，声声写尽湘波绿。
纤指十三弦，细将幽恨传。
当筵秋水慢，玉柱斜飞雁。
弹到断肠时，春山眉黛低。

◎ 又 ◎

江南未雪梅花白，忆梅人是江南客。
犹记旧相逢，淡烟微月中。
玉容长有信，一笑归来近。
怀远上楼时，晚云和雁低。

◎ 一架筝，一女子，一双纤细的手。婉转的琴声，声声哀怨，如秋日般让人断肠。

◎ 梅花染香雪片，旧人未曾归来。在我心里，到底想的是梅，还是人呢？

◎ 又 ◎

相逢欲话相思苦，浅情肯信相思否。
还恐漫相思，浅情人不知。
忆曾携手处，月满窗前路。
长到月来时，不眠犹待伊。

◎ 想起曾经一起走过的路，想念便如月光般弥漫开来。在明亮的月光下久久不眠，这里的原因没有动过深情的人是不会知晓的。

◎玉楼春◎

雕鞍好为莺花住，占取东城南陌路。
尽教春思乱如云，莫管世情轻似絮。
古来多被虚名误，宁负虚名身莫负。
劝君频入醉乡来，此是无愁无恨处。

◎ 这个世界从来都不会主动安慰你，所以不要被那些被误解的虚名所迷惑，该醉就醉，莫管世事繁杂。

◎ 又 ◎

一尊相遇春风里，诗好似君人有几。
吴姬十五语如弦，能唱当时楼下水。
良辰易去如弹指，金盏十分须尽意。
明朝三丈日高时，共拚醉头扶不起。

◎ 又 ◎

琼酥酒面风吹醒，一缕斜红临晚镜。
小颦微笑尽妖娆，浅注轻匀长淡净。
手挼梅蕊寻香径，正是佳期期未定。
春来还为个般愁，瘦损宫腰罗带剩。

◎ 此时有酒此时醉，管他明朝二三事。

◎ 那微笑比夕阳还要温暖，久久不能忘。只可惜，不知相逢为何日，厚厚的忧愁包围着我，使我日渐消瘦。

◎ 又 ◎

清歌学得秦娥似，金屋瑶台知姓字。
可怜春恨一生心，长带粉痕双袖泪。
从来懒话低眉事，今日新声谁会意。
坐中应有赏音人，试问回肠曾断未。

◎ 又 ◎

旗亭西畔朝云住，沉水香烟长满路。
柳阴分到画眉边，花片飞来垂手处。
妆成尽任秋娘妒，袅袅盈盈当绣户。
临风一曲醉朦腾，陌上行人凝恨去。

◎ 苦练技艺，歌声婉转动听，面对苦难，也只是把眼泪藏进袖口。好一个坚强不屈的歌女啊！

◎ 她是闹市里一处仙境，她的容貌比任何花朵都美。她叫朝云，她唱一曲，醉倒了无数路人，无人愿离去。

◎ 又 ◎

离鸾照罢尘生镜，几点吴霜侵绿鬓。
琵琶弦上语无凭，豆蔻梢头春有信。
相思拚损朱颜尽，天若多情终欲问。
雪窗休记夜来寒，桂酒已消人去恨。

◎ 又 ◎

东风又作无情计，艳粉娇红吹满地。
碧楼帘影不遮愁，还似去年今日意。
谁知错管春残事，到处登临曾费泪。
此时金盏直须深，看尽落花能几醉。

◎ 你在山川湖海，归期未归，我的思念成灾，无法治愈。人生易老，年华易逝，每每想到这里，我的忧愁就肆无忌惮起来。

◎ 风无情，花有情，帘幕再大，也遮不住我的哀叹与忧愁。时光你慢些走，好让我多看几次花落，让我多醉几回。

◎ 又 ◎

斑骓路与阳台近，前度无题初借问。暖风鞭袖尽闲垂，微月帘栊曾暗认。梅花未足凭芳信，弦语岂堪传素恨。翠眉饶似远山长，寄与此愁颦不尽。

◎ 又 ◎

红绡学舞腰肢软，旋织舞衣宫样染。织成云外雁行斜，染作江南春水浅。露桃宫里随歌管，一曲霓裳红日晚。归来双袖酒成痕，小字香笺无意展。

◎ 夜风鼓袖口，月光舞窗帘，此刻的愁绪绵延不尽，比夜晚还要长。

◎ 放不下，那曼妙婀娜的身影，纵使已转头成空，舞姿却仍在眼前晃动，好似从未离开。

◎又◎

当年信道情无价，桃叶尊前论别夜。
脸红心绪学梅妆，眉翠工夫如月画。
来时醉倒旗亭下，知是阿谁扶上马。
忆曾挑尽五更灯，不记临分多少话。

◎又◎

采莲时候慵歌舞，永日闲从花里度。
暗随蘋末晓风来，直待柳梢斜月去。
停桡共说江头路，临水楼台苏小住。
细思巫峡梦回时，不减秦源肠断处。

◎ 忆旧时分别，留在我心头的是娇媚红妆、美酒沉醉，临别话语半句也记不起。

◎ 共嬉同宿如此美好，情丝断时如此愁肠。

◎ 又 ◎

芳年正是香英嫩，天与娇波长入鬓。
蕊珠宫里旧承恩，夜拂银屏朝把镜。
云情去住终难信，花意有无休更问。
醉中同尽一杯欢，归后各成孤枕恨。

◎ 又 ◎

轻风拂柳冰初绽，细雨消尘云未散。
红窗青镜待妆梅，绿陌高楼催送雁。
华罗歌扇金蕉盏，记得寻芳心绪惯。
凤城寒尽又飞花，岁岁春光常有限。

◎ 青春正当时，让我们把所有情感都洒进这酒杯里，饮尽之后各自为安。

◎ 风景总是美好的，时光总是短暂的，且珍惜这眼前的春光吧，轻易错过该有多遗憾。

◎阮郎归◎

粉痕闲印玉尖纤，啼红傍晚奁。
旧寒新暖尚相兼，梅疏待雪添。
春冉冉，恨恹恹，章台对卷帘。
个人鞭影弄凉蟾，楼前侧帽檐。

◎又◎

来时红日弄窗纱，春红入睡霞。
去时庭树欲栖鸦，香屏掩月斜。
收翠羽，整妆华，青骊信又差。
玉笙犹恋碧桃花，今宵未忆家。

◎ 一边梳妆，一边哭泣，寒潮暖意掺杂在一起，叫人冷热不分。月下的马鞭扬长而去，望着渐行渐远的身影，悲凉油然而生。

◎ 你归来时是清晨，你离去时是傍晚。你一次次地失信于我，叫我如何面对你的负心？

◎又◎

旧香残粉似当初，人情恨不如。
一春犹有数行书，秋来书更疏。
衾凤冷，枕鸳孤，愁肠待酒舒。
梦魂纵有也成虚，那堪和梦无。

◎又◎

天边金掌露成霜，云随雁字长。
绿杯红袖称重阳，人情似故乡。
兰佩紫，菊簪黄，殷勤理旧狂。
欲将沉醉换悲凉，清歌莫断肠。

◎ 纵然我有情，只可惜别人无意，书信越来越少，思念却越来越重。最可怜的是，就连在梦里，我也没有等到想要的结果。

◎ 重阳佳节宴上饮酒，想起人生顿生愁云。仕途是命运的方向，曲折已让我感到悲凉。你好啊，我亲爱的故乡，多想回到你身旁。

◎ 又 ◎

晚妆长趁景阳钟，双蛾着意浓。
舞腰浮动绿云秾，樱桃半点红。
怜美景，惜芳容，沉思暗记中。
春寒帘幕几重重，杨花尽日风。

◎ 你精美的妆容让人怜惜，你优美的舞姿让人动容。多希望你寒冷之时能获温暖，不再像杨花那样飘零。

◎归田乐◎

试把花期数，便早有、感春情绪。
看即梅花吐。愿花更不谢，春且长住。
只恐花飞又春去。
花开还不语，问此意、年年春还会否。
绛唇青鬓，渐少花前侣。对花又记得、旧曾游处。
门外垂杨未飘絮。

◎ 多希望花开不谢，春色常驻，一起游玩的人也不要离去，那该有多美好啊！

小山词 辑三

P.126~P.175

◎ 浣溪沙 ◎

二月春花厌落梅，仙源归路碧桃催。
渭城丝雨劝离杯。
欢意似云真薄幸，客鞭摇柳正多才。
凤楼人待锦书来。

◎ 又 ◎

卧鸭池头小苑开，暄风吹尽北枝梅。
柳长莎软路萦回。
静避绿阴莺有意，漫随游骑絮多才。
去年今日忆同来。

◎ 在沉重的离别面前，那些欢愉显得如此单薄。你尽管远走吧，有人会一直在这里等待你的消息。

◎ 想起了去年一起春游的场景——水碧风柔，莺歌燕舞，一派盎然的景色，让人难忘。

◎又◎

二月和风到碧城，万条千缕绿相迎。
舞烟眠雨过清明。
妆镜巧眉偷叶样，歌楼妍曲借枝名。
晚秋霜霰莫无情。

◎又◎

白纻春衫杨柳鞭，碧蹄骄马杏花鞯。
落英飞絮冶游天。
南陌暖风吹舞榭，东城凉月照歌筵。
赏心多是酒中仙。

◎ 再美好的春天，也有凋零的时候，歌女也一样。

◎ 烂漫的春天是出游的时节，柳枝摇动，漫天飞絮，温柔的风声抚过耳际，叫人心生美好。

◎又◎

床上银屏几点山，鸭炉香过琐窗寒。

小云双枕恨春闲。

惜别漫成良夜醉，解愁时有翠笺还。

那回分袂月初残。

◎又◎

绿柳藏乌静掩关，鸭炉香细琐窗闲。

那回分袂月初残。

惜别漫成良夜醉，解愁时有翠笺还。

欲寻双叶寄情难。

◎ 孤冷的夜晚，月光清幽，焚香绕窗，离别之绪在心头缠绕，久久不散。似乎只有残月才能了解我此刻的心境啊。

◎ 一个人安静地抱着这月夜，思念里有人影晃动，却不知该把这愁绪与谁说。

◎ 又 ◎

家近旗亭酒易酤，花时长得醉工夫。
伴人歌笑懒妆梳。
户外绿杨春系马，床前红烛夜呼卢。
相逢还解有情无。

◎ 又 ◎

日日双眉斗画长，行云飞絮共轻狂。
不将心嫁冶游郎。
溅酒滴残歌扇字，弄花熏得舞衣香。
一春弹泪说凄凉。

◎ 买酒独醉，懒理妆容。烛光照着冰冷的床铺，也照着我相思的脸。

◎ 命运把我的人生揉得褶皱，难以抚平。我虽身世孤苦，可我心绝不嫁给放荡。

◎又◎

飞鹊台前晕翠蛾，千金新换绛仙螺。

最难加意为颦多。

几处泪痕留醉袖，一春愁思近横波。

远山低尽不成歌。

◎又◎

午醉西桥夕未醒，雨花凄断不堪听。

归时应减鬓边青。

衣化客尘今古道，柳含春意短长亭。

凤楼争见路旁情。

◎ 曲不成曲，调不成调，再精致的容颜，也遮挡不住内心的不安与烦乱。

◎ 我在思归的情绪里深深地醉去，一直从午间醉到晚夕。淅淅沥沥的小雨在地面碎裂开来，浇湿了我的衣裳，也浇湿了我的心。

◎又◎

一样宫妆簇彩舟，碧罗团扇自障羞。
水仙人在镜中游。
腰自细来多态度，脸因红处转风流。
年年相遇绿江头。

◎又◎

已拆秋千不奈闲，却随胡蝶到花间。
旋寻双叶插云鬟。
几摺湘裙烟缕细，一钩罗袜素蟾弯。
绿窗红豆忆前欢。

◎ 你羞红的脸像傍晚的霞光，你婀娜的身影是世间最美的风景。和你相遇已成醉心期待，愿江水年年都能见证这一刻的到来。

◎ 游玩的心情如花朵般盛开，在温暖的景色里，你身影随风而动，活泼而美丽。

◎又◎

闲弄筝弦懒系裙，铅华消尽见天真。
眼波低处事还新。
怅恨不逢如意酒，寻思难值有情人。
可怜虚度琐窗春。

◎又◎

团扇初随碧簟收，画檐归燕尚迟留。
靥朱眉翠喜清秋。
风意未应迷狭路，灯痕犹自记高楼。
露花烟叶与人愁。

◎ 易求无价宝，难得有心郎。

◎ 愿风声不会迷路，愿灯光不忘源头，愿久别的人还能记得往事，也不枉怀念人的一腔哀愁。

◎又◎

翠阁朱阑倚处危，夜凉闲捻彩箫吹。
曲中双凤已分飞。
绿酒细倾消别恨，红笺小写问归期。
月华风意似当时。

◎又◎

唱得红梅字字香，柳枝桃叶尽深藏。
遏云声里送雕觞。
才听便拚衣袖湿，欲歌先倚黛眉长。
曲终敲损燕钗梁。

◎ 等待是一碗苦涩的水，我要喝下多少碗，才能换得你归来的日期？

◎ 在离别之际，我用歌声为你送行。这歌声钻进眼睛，化成眼泪流下来，这歌声飘在路上，成为你行走的背囊。

◎又◎

小杏春声学浪仙，疏梅清唱替哀弦。
似花如雪绕琼筵。
腮粉月痕妆罢后，脸红莲艳酒醒前。
今年水调得人怜。

◎又◎

铜虎分符领外台，五云深处彩旌来。
春随红旆过长淮。
千里袴襦添旧暖，万家桃李间新栽。
使星回首是三台。

◎ 音容美好，借酒消愁，可悲的是，梦里幻化的风景是虚无的慰藉，梦醒后依然哀愁。

◎ 我站在你身后，默默地呢喃着：一路顺风啊，我亲爱的朋友，愿你的前途像太阳那般明亮，像水流那般悠长。

◎又◎

浦口莲香夜不收，水边风里欲生秋。
棹歌声细不惊鸥。
凉月送归思往事，落英飘去起新愁。
可堪题叶寄东楼。

◎又◎

莫问逢春能几回，能歌能笑是多才。
露花犹有好枝开。
绿鬓旧人皆老大，红梁新燕又归来。
尽须珍重掌中杯。

◎ 月光照着她的歌声，也照着她的心事，她把幸福写在叶子上，随波漂流。有缘人在哪，谁又能说得清呢？

◎ 眼下酒是最好的酒，春是最好的春，景是最好的景，人是最好的人。人生如此，还有何求呢？

◎ 又 ◎

楼上灯深欲闭门，梦云归去不留痕。

几年芳草忆王孙。

向日阑干依旧绿，试将前事倚黄昏。

记曾来处易消魂。

◎ 风物依旧，人非昨日。人这一生一直敌不过的是时光，一直放不下的是回忆。

◎ 六么令 ◎

绿阴春尽，飞絮绕香阁。晚来翠眉宫样，巧把远山学。
一寸狂心未说，已向横波觉。
画帘遮匝。新翻曲妙，暗许闲人带偷掐。
前度书多隐语，意浅愁难答。昨夜诗有回纹，韵险还慵押。
都待笙歌散了，记取留时霎。
不消红蜡。闲云归后，月在庭花旧阑角。

◎ 我心生荡漾，久久未平，把妆容化成春天的样子，只为赴约与你相见。

◎ 又 ◎

雪残风信，悠飏春消息。天涯倚楼新恨，杨柳几丝碧。
还是南云雁少，锦字无端的。
宝钗瑶席。彩弦声里，拚作尊前未归客。
遥想疏梅此际，月底香英白。别后谁绕前溪，手拣繁枝摘。
莫道伤高恨远，付与临风笛。
尽堪愁寂。花时往事，更有多情个人忆。

◎ 再华美的宴会，再动听的歌声，也只是虚无的表象，终会结束。而往事和人在心底长留，绵长的思念，才是我真实的生活。

◎又◎

日高春睡，唤起懒装束。年年落花时候，惯得娇眠足。
学唱宫梅便好，更暖银笙逐。
黛蛾低绿。堪教人恨，却似江南旧时曲。
常记东楼夜雪，翠幕遮红烛。还是芳酒杯中，一醉光阴促。
曾笑阳台梦短，无计怜香玉。
此欢难续。乞求歌罢，借取归云画堂宿。

◎ 时间融到酒里，我一饮而尽，如此短促，太叫人惋惜。多希望再有这样的欢乐，让音乐再起，让情谊再续。

◎ 更漏子 ◎

槛花稀，池草遍，冷落吹笙庭院。
人去日，燕西飞，燕归人未归。
数书期，寻梦意，弹指一年春事。
新怅望，旧悲凉，不堪红日长。

◎ 又 ◎

柳间眠，花里醉，不惜绣裙铺地。
钗燕重，鬓蝉轻，一双梅子青。
粉笺书，罗袖泪，还有可怜新意。
遮闷绿，掩羞红，晚来团扇风。

◎ 不知你在天涯何方，这成了我心头最大的恐慌。守着清冷的庭院日日等待，阳光明了又暗，春风走远又回，而你的身影，我似乎再也等不到了。

◎ 海誓山盟，有时候抵不过相思人的一封书信。红尘里的情情爱爱，越到深处，越难以抽身。

◎又◎

柳丝长，桃叶小，深院断无人到。
红日淡，绿烟晴，流莺三两声。
雪香浓，檀晕少，枕上卧枝花好。
春思重，晓妆迟，寻思残梦时。

◎又◎

露华高，风信远，宿醉画帘低卷。
梳洗倦，冶游慵，绿窗春睡浓。
彩条轻，金缕重，昨日小桥相送。
芳草恨，落花愁，去年同倚楼。

◎ 她的妆乱了，她的梦残了，独自守着这一派春日的盎然，何等凄闲。

◎ 你看那草的恨意，你看那花的愁苦，在所有逝去的时光面前，在所有物是人非的场面面前，它们和我一样啊！

◎又◎

出墙花，当路柳，借问芳心谁有。
红解笑，绿能颦，千般恼乱春。
北来人，南去客，朝暮等闲攀折。
怜晚芳，惜残阳，情知枉断肠。

◎又◎

欲论心，先掩泪，零落去年风味。
闲卧处，不言时，愁多只自知。
到情深，俱是怨，惟有梦中相见。
犹似旧，奈人禁，偎人说寸心。

◎ 那一刻的手眼相望，那一刻的情意生动，又有谁人怜惜？

◎ 不知流过了多少泪，也不知道想过你多少回。我吞下哀怨和愁绪，不告诉任何人。

◎河满子◎

对镜偷匀玉筯，背人学写银钩。系谁红豆罗带角，心情正着春游。那日杨花陌上，多时杏子墙头。

眼底关山无奈，梦中云雨空休。问看几许怜才意，两蛾藏尽离愁。难拚此回肠断，终须锁定红楼。

◎ 你悄悄偷走了我的心思，而你自己却不知。犹豫纠结，却也不敢有半分冲动，不敢越过你我之间的那条线。

◎ 又 ◎

绿绮琴中心事，齐纨扇上时光。五陵年少浑薄幸，
轻如曲水飘香。夜夜魂消梦峡，年年泪尽啼湘。
归雁行边远字，惊莺舞处离肠。蕙楼多少铅华在，
从来错倚红妆。可羡邻姬十五，金钗早嫁王昌。

◎ 命运不济，悲惨曲折，不要指望轻薄的人能有消息。可怜我身世孤苦，却遇不到怜惜之人，像一张白纸，被生活揉成一团。

◎ 于飞乐 ◎

晓日当帘，睡痕犹占香腮。
轻盈笑倚鸾台。晕残红，匀宿翠，满镜花开。
娇蝉鬓畔，插一枝、淡蕊疏梅。
每到春深，多愁饶恨，妆成懒下香阶。
意中人，从别后，萦系情怀。
良辰好景，相思字、唤不归来。

◎ 女为悦己者容，如今悦己者远走天涯，思念再深的字眼也换不回一个归期，那新妆又为谁而化呢？

◎愁倚阑令◎

凭江阁，看烟鸿。
恨春浓。
还有当年闻笛泪，洒东风。
时候草绿花红。
斜阳外、远水溶溶。
浑似阿莲双枕畔，画屏中。

◎ 站在江边看缥缈的烟气，夕阳浸染江面。突然想起曾经因笛声而洒落的泪水，也想起你那张如画般的脸。

◎ 又 ◎

花阴月，柳梢莺。
近清明。
长恨去年今夜雨，洒离亭。
枕上怀远诗成。
红笺纸、小研吴绫。
寄与征人教念远，莫无情。

◎ 又 ◎

春罗薄，酒醒寒。
梦初残。
欹枕片时云雨事，已关山。
楼上斜日阑干。
楼前路、曾试雕鞍。
拚却一襟怀远泪，倚阑看。

◎ 整整一年的时间，你杳无音信，不知生死，留我独自在家日日垂泪。如今又快到清明节，那阴郁的氛围更加浓厚了我的愁绪。

◎ 醉醒之后，日头已斜，看着前路漫漫，心中生出一抹不安。

◎御街行◎

年光正似花梢露，弹指春还暮。
翠眉仙子望归来，倚遍玉城珠树。
岂知别后，好风良月，往事无寻处。
狂情错向红尘住，忘了瑶台路。
碧桃花蕊已应开，欲伴彩云飞去。
回思十载，朱颜青鬓，枉被浮名误。

◎ 天宫的仙女向我遥遥招手，可红尘虚无的名目让我迷失方向。回想那么多年，才发现早已找不见回头的路。

◎ 又 ◎

街南绿树春饶絮，雪满游春路。
树头花艳杂娇云，树底人家朱户。
北楼闲上，疏帘高卷，直见街南树。
阑干倚尽犹慵去，几度黄昏雨。
晚春盘马踏青苔，曾傍绿阴深驻。
落花犹在，香屏空掩，人面知何处。

◎ 柳絮如雪花般飞满了春天，傍晚的光线染黄了稀疏的雨声。花瓣依然在春末飘落，却不知故人身在何处。

◎浪淘沙◎

高阁对横塘，新燕年光。
柳花残梦隔潇湘。
绿浦归帆看不见，还是斜阳。
一笑解愁肠，人会娥妆。
藕丝衫袖郁金香。
曳雪牵云留客醉，且伴春狂。

◎又◎

小绿间长红，露蕊烟丛。
花开花落昔年同。
惟恨花前携手处，往事成空。
山远水重重，一笑难逢。
已拚长在别离中。
霜鬓知他从此去，几度春风。

◎ 夫君远在他乡，留我一人在夕阳里惆怅，用酒精麻醉自己，来缓解相思的苦痛。

◎ 景色由新变旧，又从旧变新，年年回到原点。可是不管季节如何轮回，曾经的人也不会再回来了。

◎ 又 ◎

丽曲醉思仙，十二哀弦。
秾蛾叠柳脸红莲。
多少雨条烟叶恨，红泪离筵。
行子惜流年，鶗鴂枝边。
吴堤春水舣兰船。
南去北来今渐老，难负尊前。

◎ 又 ◎

翠幕绮筵张，淑景难忘。
阳关声巧绕雕梁。
美酒十分谁与共，玉指持觞。
晓枕梦高唐，略话衷肠。
小山池院竹风凉。
明夜月圆帘四卷，今夜思量。

◎ 杜鹃停在枝头，舟船靠在江边。再次相逢，年华已在我们身上刻下深深的痕迹。

◎ 轻歌融进美酒，欢闹是暗夜的解药。然曾经只是曾经，如今月光凄冷，思念盛满酒杯，再无你那柔软的身影。

◎丑奴儿◎

昭华凤管知名久，长闭帘栊。日日春慵。闲倚庭花晕脸红。
应说金谷无人后，此会相逢。三弄临风。送得当筵玉盏空。

◎又◎

日高庭院杨花转，闲淡春风。莺语惺忪。似笑金屏昨夜空。
娇慵未洗匀妆手，闲印斜红。新恨重重。都与年时旧意同。

◎ 能够再次听到这熟悉的声音，令人无限感慨，纵使心中思绪万千，也无法言语。还是饮酒吧！

◎ 日光明媚，鸟语花香，春天的万物像诗一般美好。可这些都无法让我产生兴趣，因为我内心已思念重重。

◎诉衷情◎

种花人自蕊宫来，牵衣问小梅。
今年芳意何似，应向旧枝开。
凭寄语，谢瑶台，客无才。
粉香传信，玉盏开筵，莫待春回。

◎又◎

净揩妆脸浅匀眉，衫子素梅儿。
苦无心绪梳洗，闲淡也相宜。
云态度，柳腰肢，入相思。
夜来月底，今日尊前，未当佳期。

◎ 春意浓浓，花朵在相同的枝头再次开放。把酒言欢吧，趁这美好的时光。

◎ 相思是一道无法翻越的泥墙，我在墙的这边，你在墙的那边。

◎又◎

渚莲霜晓坠残红，依约旧秋同。
玉人团扇恩浅，一意恨西风。
云去住，月朦胧，夜寒浓。
此时还是，泪墨书成，未有归鸿。

◎又◎

凭觞静忆去年秋，桐落故溪头。
诗成自写红叶，和恨寄东流。
人脉脉，水悠悠，几多愁。
雁书不到，蝶梦无凭，漫倚高楼。

◎ 我是如此遵守着思念的规则，而曾经的约定却像尘埃般被风吹走。被人放弃是一种深刻的苦痛，这让我有了恨意，也让我颇生无奈。

◎ 没有你的消息，心中空空荡荡，漫无目的地想着你我的过往，任凭寂寞惩罚着我。

◎ 又 ◎

小梅风韵最妖娆，开处雪初消。
南枝欲附春信，长恨陇人遥。
闲记忆，旧江皋，路迢迢。
暗香浮动，疏影横斜，几处溪桥。

◎ 又 ◎

长因蕙草记罗裙，绿腰沉水熏。
阑干曲处人静，曾共倚黄昏。
风有韵，月无痕，暗消魂。
拟将幽恨，试写残花，寄与朝云。

◎ 梅花来自冬天，来自寒冷，它是枝头冷艳而又傲然的风景。每每看到梅花，我就想起了你。

◎ 夕阳浸染了我们的爱情，世界安静得好像空无一物。多想在这温暖里度过一生啊，那样就不用将思念全都倾诉给天上的流云了。

◎ 又 ◎

御纱新制石榴裙，沉香慢火熏。
越罗双带宫样，飞鹭碧波纹。
随锦字，叠香痕，寄文君。
系来花下，解向尊前，谁伴朝云。

◎ 又 ◎

都人离恨满歌筵，清唱倚危弦。
星屏别后千里，更见是何年。
骢骑稳，绣衣鲜，欲朝天。
北人欢笑，南国悲凉，迎送金鞭。

◎ 新衣配新人，人为衣，衣为人，衣借人气华彩，人靠新衣闪光。

◎ 离去的人是那样从容，满怀期待，留下的人则是无限哀婉。真的是分别容易相逢难啊！

小山词

辑四

◎破阵子◎

柳下笙歌庭院，花间姊妹秋千。

记得春楼当日事，写向红窗夜月前。凭谁寄小莲？

绛蜡等闲陪泪，吴蚕到了缠绵。

绿鬓能供多少恨，未肯无情比断弦。今年老去年。

◎ 与花共舞，与春为伴，那是我们曾经最美好的记忆。如今久别不逢，相思甚苦，那道伤口依然未能愈合。

◎好女儿◎

绿遍西池，梅子青叶。
尽无端、尽日东风恶，更霏微细雨，
恼人离恨，满路春泥。
应是行云归路，有闲泪、洒相思。
想旗亭、望断黄昏月，又依前误了，
红笺香信，翠袖欢期。

◎又◎

酌酒殷勤，尽更留春。
忍无情、便赋馀花落，待花前细把，
一春心事，问个人人。
莫似花开还谢，愿芳意、且长新。
倚娇红、待得欢期定，向水沉烟底，
金莲影下，睡过佳辰。

◎ 我心寻你而去，我身却深陷途中。

◎ 即使喝醉了，也无法留住春天；即使花落了，心事也不能诉人。

◎点绛唇◎

花信来时，恨无人似花依旧。
又成春瘦，折断门前柳。
天与多情，不与长相守。
分飞后，泪痕和酒，占了双罗袖。

◎又◎

明日征鞭，又将南陌垂杨折。
自怜轻别，拚得音尘绝。
杏子枝边，倚处阑干月。
依前缺，去年时节，旧事无人说。

◎ 花开就如人的青春，花开花落再花开，然青春逝去便再无青春。人生的离别就像逝去的青春一样，是那样苦涩，是那样伤怀。

◎ 再一次扬鞭远行，道不尽的离愁，挥不去的别绪。

◎ 又 ◎

碧水东流，漫题凉叶津头寄。
谢娘春意，临水颦双翠。
日日骊歌，空费行人泪。
成何计，未如浓醉，闲掩红楼睡。

◎ 又 ◎

妆席相逢，旋匀红泪歌金缕。
意中曾许，欲共吹花去。
长爱荷香，柳色殷桥路。
留人住，淡烟微雨，好个双栖处。

◎ 临别的诗句叫人心碎，告别的歌声惹人泪满双眼。倒不如一醉而睡，逃避那万丈愁情。

◎ 重逢总会引发怀念，怀念那沁人的花香，怀念那绿意浓浓的桥路，怀念那烟雨蒙蒙、无限美好的季节。

◎ 又 ◎

湖上西风，露花啼处秋香老。
谢家春草，唱得清商好。
笑倚兰舟，转尽新声了。
烟波渺，暮云稀少，一点凉蟾小。

◎ 歌声在空旷的凉夜，显得更加凄冷。缥缈的轻烟，不安的薄云，月亮在这秋天里，变得格外孤独。

◎两同心◎

楚乡春晚，似入仙源。拾翠处、闲随流水，踏青路、暗惹香尘。心心在，柳外青帘，花下朱门。

对景且醉芳尊，莫话消魂。好意思、曾同明月，恶滋味、最是黄昏。相思处，一纸红笺，无限啼痕。

◎ 一面之缘，便心心念念，想念的苦痛一直纠缠。醉梦里也不见你的身影，相思的笔墨落在纸上，却只能望字哀叹。

◎少年游◎

绿勾阑畔，黄昏淡月，携手对残红。
纱窗影里，朦腾春睡，繁杏小屏风。
须愁别后，天高海阔，何处更相逢。
幸有花前，一杯芳酒，欢计莫匆匆。

◎又◎

西溪丹杏，波前媚脸，珠露与深匀。
南楼翠柳，烟中愁黛，丝雨恼娇颦。
当年此处，闻歌殢酒，曾对可怜人。
今夜相思，水长山远，闲卧送残春。

◎ 汹涌的夕阳，清淡的月光，影子闪闪烁烁，一片迷离。饮酒消愁，与花为伴，痛痛快快地思念着那不能相逢的某人。

◎ 曾经一起载歌载舞，把酒言欢，如今山高水远，天各一方。最终，我们熬不过的是时光，打不败的是天涯。

◎又◎

离多最是，东西流水，终解两相逢。
浅情终似，行云无定，犹到梦魂中。
可怜人意，薄于云水，佳会更难重。
细想从来，断肠多处，不与者番同。

◎又◎

西楼别后，风高露冷，无奈月分明。
飞鸿影里，捣衣砧外，总是玉关情。
王孙此际，山重水远，何处赋西征。
金闺魂梦枉丁宁，寻尽短长亭。

◎ 水流向西向东，薄云无问影踪，却终会定期相逢。可悲的是，有时候情谊却不及这自然万物，若要相逢，怎一个难字能说尽呢？

◎ 再见了，我的知心人。此次离去，遥遥无归期，长长的路途我不停地走，重重的思念我放心间。

◎ 又 ◎

雕梁燕去，裁诗寄远，庭院旧风流。
黄花醉了，碧梧题罢，闲卧对高秋。
繁云破后，分明素月，凉影挂金钩。
有人凝澹倚西楼，新样两眉愁。

◎ 在庭院悠闲自得地赏花作诗，看清美的云和月。在这秋高气爽的时节，不知为何有几分愁绪在心间。

◎虞美人◎

闲敲玉镫隋堤路，一笑开朱户。
素云凝澹月婵娟，门外鸭头春水、木兰船。
吹花拾蕊嬉游惯，天与相逢晚。
一声长笛倚楼时，应恨不题红叶、寄相思。

◎ 骑马闲游，风景依旧美好，却只顾着嬉戏游玩，待到哀愁的笛声入耳，才发觉竟然忘了寄托自己的相思之情。

◎又◎

飞花自有牵情处，不向枝边坠。
随风飘荡已堪愁，
更伴东流流水、过秦楼。
楼中翠黛含春怨，闲倚阑干见。
远弹双泪惜香红，
暗恨玉颜光景、与花同。

◎又◎

曲阑干外天如水，昨夜还曾倚。
初将明月比佳期，
长向月圆时候、望人归。
罗衣着破前香在，旧意谁教改。
一春离恨懒调弦，
犹有两行闲泪、宝筝前。

◎ 花有情，花自落，或跟随风，或陪伴河。不管如何，花总是躲不过飘零的命运，而我和花是多么相似啊！

◎ 夜空清澈，我在月圆的时候盼望着你归来的消息。经历了无数次空空的等待，我的眼泪早已打湿了我无声的琴曲。

◎又◎

疏梅月下歌金缕，忆共文君语。
更谁情浅似春风，
一夜满枝新绿、替残红。
蘋香已有莲开信，两桨佳期近。
采莲时节定来无？
醉后满身花影、倩人扶。

◎又◎

玉箫吹遍烟花路，小谢经年去。
更教谁画远山眉，
又是陌头风细、恼人时。
时光不解年年好，叶上秋声早。
可怜蝴蝶易分飞，
只有杏梁双燕、每来归。

◎ 曾在月夜密语相向，互诉心肠，没想感情有时浅薄得如一缕风声。

◎ 秋光沾满树叶，秋风细软如绸。蝴蝶不爱结伴，只有那共栖屋檐的燕子相互依偎，不离不弃。

◎ 又 ◎

秋风不似春风好，一夜金英老。
更谁来凭曲阑干？
惟有雁边斜月、照关山。
双星旧约年年在，笑尽人情改。
有期无定是无期，
说与小云新恨、也低眉。

◎ 又 ◎

小梅枝上东君信，雪后花期近。
南枝开尽北枝开，
长被陇头游子、寄春来。
年年衣袖年年泪，总为今朝意。
问谁同是忆花人，
赚得小鸿眉黛、也低颦。

◎ 秋景萧条，万物衰老，就如人间的情分一样，充满愁意。也许只有牛郎织女此时的相约，才是唯一的温暖与慰藉。

◎ 雪尽花开，春天被寄来，一起欣赏春意的人，低头皱起眉来。

◎ 又 ◎

湿红笺纸回纹字，多少柔肠事？
去年双燕欲归时，
还是碧云千里、锦书迟。
南楼风月长依旧，别恨无端有。
倩谁横笛倚危阑，
今夜落梅声里、怨关山。

◎ 又 ◎

一弦弹尽仙韶乐，曾破千金学。
玉楼银烛夜深深，
愁见曲中双泪、落香襟。
从来不奈离声怨，几度朱弦断。
未知谁解赏新音，
长是好风明月、暗知心。

◎ 久别，不知是否安好。去年此时尚有晚到的音信，而今年的此刻只有孤寂与感伤。

◎ 婉转的琴声饱含哀怨，渗到骨子里，让人潸然泪下。纵然风清月淡，可乐曲易弹，知音难寻啊。

◎采桑子◎

秋千散后朦胧月，满院人闲。
几处雕阑，一夜风吹杏粉残。
昭阳殿里春衣就，金缕初干。
莫信朝寒，明日花前试舞看。

◎又◎

花前独占春风早，长爱江梅。
秀艳清杯，芳意先愁凤管催。
寻香已落闲人后，此恨难裁。
更晚须来，却恐初开胜未开。

◎ 月满庭院，风吹花残，宫殿里春的气息已渐渐浓起来。

◎ 花前饮酒，害怕那悠悠的笛声吹落花瓣。春色稍纵即逝，时节飞速流转，望珍惜眼前的美景美事。

◎ 又 ◎

芦鞭坠遍杨花陌，晚见珍珍。
疑是朝云，来作高唐梦里人。
应怜醉落楼中帽，长带歌尘。
试拂香茵，留解金鞍睡过春。

◎ 又 ◎

日高庭院杨花转，闲淡春风。
昨夜匆匆，颦入遥山翠黛中。
金盆水冷菱花净，满面残红。
欲洗犹慵，弦上啼乌此夜同。

◎ 纷纷乱乱的杨花落满红尘，歌声婉转入耳，声声销魂。与所爱的人虚度时光，也是人生中很美好的一件事情。

◎ 美好一夜而过，成为记忆的定格。看着镜子中的满面残妆，无心洗漱，任由相思把我击倒。

◎又◎

征人去日殷勤嘱，莫负心期。
寒雁来时，第一传书慰别离。
轻春织就机中素，泪墨题诗。
欲寄相思，日日高楼看雁飞。

◎又◎

花时恼得琼枝瘦，半被残香。
睡损梅妆，红泪今春第一行。
风流笑伴相逢处，白马游缰。
共折垂杨，手捻芳条说夜长。

◎ 分离时谆谆嘱托，愿征人不要忘记我的满心惦念，一定要寄回家书告知我你的消息。相思会让人变得孤独，但孤独的人并不可耻。

◎ 多想和你共度这美好的时光，一起策马扬鞭，一起折柳游玩，一起把话题说到天亮。

◎ 又 ◎

春风不负年年信，长趁花期。
小锦堂西，红杏初开第一枝。
碧箫度曲留人醉，昨夜归迟。
短恨凭谁，莺语殷勤月落时。

◎ 又 ◎

秋来更觉消魂苦，小字还稀。
坐想行思，怎得相看似旧时。
南楼把手凭肩处，风月应知。
别后除非，梦里时时得见伊。

◎ 曲声令人沉醉，夜色撩人心弦，久久不舍离去。只恨这美好的时光太短，眨眼之间便到了天明时分，不免让人心生惆怅。

◎ 悲苦的秋日时光，怀念在心里作祟，相见却不得见，只能在梦里反复熟悉你的样子，假装你我相逢。

◎ 又 ◎

谁将一点凄凉意，送入低眉。
画箔闲垂，多是今宵得睡迟。
夜痕记尽窗间月，曾误心期。
准拟相思，还是窗间记月时。

◎ 又 ◎

宜春苑外楼堪倚，雪意方浓。
雁影冥濛，正共银屏小景同。
可无人解相思处，昨夜东风。
梅蕊应红，知在谁家锦字中。

◎ 迟迟不能睡去，辗转反侧，和凄冷的月光不停周旋。相思是我眉间的褶皱，你是我心中长出的一块忧愁。

◎ 冬季还在人间徘徊，凛冽的风跟着附和，片片雪花落满我无处安放的相思。

◎ 又 ◎

白莲池上当时月，今夜重圆。
曲水兰船，忆伴飞琼看月眠。
黄花绿酒分携后，泪湿吟笺。
旧事年年，时节南湖又采莲。

◎ 又 ◎

高吟烂醉淮西月，诗酒相留。
明日归舟，碧藕花中醉过秋。
文姬赠别双团扇，自写银钩。
散尽离愁，携得清风出画楼。

◎ 又到采莲时候，月圆当空，舟行水面，想起曾经与你的点滴往事，不禁伤感无限。

◎ 醉酒如泥，也挡不住汹涌的诗兴。忘掉那绵延的忧愁吧，与清风为伴，尽享诗意的人生。

◎又◎

前欢几处笙歌地，长负登临。
月幌风襟，犹忆西楼着意深。
莺花见尽当时事，应笑如今。
一寸愁心，日日寒蝉夜夜砧。

◎又◎

无端恼破桃源梦，明日青楼。
玉腻花柔，不学行云易去留。
应嫌衫袖前香冷，重傍金虬。
歌扇风流，遮尽归时翠黛愁。

◎ 最怕回忆当年繁华的盛景，那些歌声漫漫，那些月影迷离，那些莺啼花开，现如今只能苦笑面对，因为心里早已堆积了凄愁。

◎ 月下相约，温情柔软，在我离去时，我看见你充满愁绪的眉头，那一刻，我就知道你已在我生命中刻下了深深的一笔。

◎又◎

年年此夕东城见，欢意匆匆。
明日还重，却在楼台缥缈中。
垂螺拂黛清歌女，曾唱相逢。
秋月春风，醉枕香衾一岁同。

◎又◎

双螺未学同心绾，已占歌名。
月白风清，长倚昭华笛里声。
知音敲尽朱颜改，寂寞时情。
一曲离亭，借与青楼忍泪听。

◎ 可喜的是，我曾拥有快乐；可悲的是，这快乐的有效期是如此短暂。

◎ 年华易逝，盛名易散，青春总有一天会被时光蒸干。人老去，名渐息，唯有独自哀叹。

◎又◎

西楼月下当时见，泪粉偷匀。
歌罢还颦，恨隔炉烟看未真。
别来楼外垂杨缕，几换青春。
倦客红尘，长记楼中粉泪人。

◎又◎

非花非雾前时见，满眼娇春。
浅笑微颦，恨隔垂帘看未真。
殷勤借问家何处，不在红尘。
若是朝云，宜作今宵梦里人。

◎ 曾经的初见，终生难忘，那一举一动，一笑一唱，像石子投进我人生的河流，那浪纹久久不能消散。

◎ 你的美丽是如此耀眼，你的微笑是如此难忘。如果在这尘世间寻不到你，那我只有去梦里与你相见。

◎又◎

当时月下分飞处，依旧凄凉。
也会思量，不道孤眠夜更长。
泪痕揾遍鸳鸯枕，重绕回廊。
月上东窗，长到如今欲断肠。

◎又◎

湘妃浦口莲开尽，昨夜红稀。
懒过前溪，闲舣扁舟看雁飞。
去年谢女池边醉，晚雨霏微。
记得归时，旋折新荷盖舞衣。

◎ 夜漫漫，思悠悠，对你的思念如这夜一般漫长。

◎ 去年同游，酒醉细雨，莲叶制造了我们小小的天地。今年时节已过，采莲无意，只看那飞雁在空中掠过的影子。

◎又◎

别来长记西楼事，结遍兰襟。
遗恨重寻，弦断相如绿绮琴。
何时一枕逍遥夜，细话初心。
若问如今，也似当时着意深。

◎又◎

红窗碧玉新名旧，犹绾双螺。
一寸秋波，千斛明珠觉未多。
小来竹马同游客，惯听清歌。
今日蹉跎，恼乱工夫晕翠蛾。

◎ 旧情就在那西楼里，也结于我心。多希望有一天我们能再次相遇，你依旧貌美如春，我仍然一往情深。

◎ 你的眼睛，比那千万颗珍珠还要明亮；你的歌声，比那春风还要柔软。

◎ 又 ◎

昭华凤管知名久，长闭帘栊。
闻道春慵，方倚庭花晕脸红。
可怜金谷无人后，此会相逢。
三弄临风，送得当筵玉盏空。

◎ 又 ◎

金风玉露初凉夜，秋草窗前。
浅醉闲眠，一枕江风梦不圆。
长情短恨难凭寄，枉费红笺。
试拂么弦，却恐琴心可暗传。

◎ 再次听到这久负盛名的乐声，回忆却不再饱满，留下了大大小小的空洞。

◎ 孤独的人，品尝孤独的事，此刻孤独无尽期。

◎ 又 ◎

心期昨夜寻思遍，犹负殷勤。
齐斗堆金，难买丹诚一寸真。
须知枕上尊前意，占得长春。
寄语东邻，似此相看有几人。

◎ 真诚的心意永远不能与金钱放在同一个天平上，长相厮守是一种高尚的美德。

◎ 踏莎行 ◎

柳上烟归，池南雪尽，东风渐有繁华信。
花开花谢蝶应知，春来春去莺能问。
梦意犹疑，心期欲近，云笺字字萦方寸。
宿妆曾比杏花红，忆人细把香英认。

◎ 东风吹走了冬天，莺蝶散播着春天到来的消息。我的思念也在这春日恍恍惚惚地盛开。

◎又◎

宿雨收尘，朝霞破暝，
风光暗许花期定。
玉人呵手试妆时，粉香帘幕阴阴静。
斜雁朱弦，孤鸾绿镜，
伤春误了寻芳兴。
去年今日杏墙西，啼莺唤得闲愁醒。

◎又◎

绿径穿花，红楼压水，
寻芳误到蓬莱地。
玉颜人是蕊珠仙，相逢展尽双蛾翠。
梦草闲眠，流觞浅醉，
一春总见瀛洲事。
别来双燕又西飞，无端不寄相思字。

◎ 夜雨过后，满天绚丽的朝霞，就如你的妆容那样美好。不要总是为春天而伤感忧愁了，像鸟儿那样热爱自然不好吗？

◎ 游赏美景，偶遇仙境，在喝酒的游戏里微醉。细细想来，飞燕都成双成对，而孤独的人只能把思念写在纸上，寄往远方。

◎又◎

雪尽寒轻，月斜烟重，
清欢犹记前时共。
迎风朱户背灯开，拂檐花影侵帘动。
绣枕双鸳，香苞翠凤，
从来往事都如梦。
伤心最是醉归时，眼前少个人人送。

◎ 清冷的夜色，窗帘舞动，此时最不该想起的是曾经，那是一种最直接的自我折磨。

◎满庭芳◎

南苑吹花，西楼题叶，故园欢事重重。凭阑秋思，

闲记旧相逢。几处歌云梦雨，可怜便、汉水西东。

别来久，浅情未有，锦字系征鸿。

年光还少味，开残槛菊，落尽溪桐。漫留得，

尊前淡月西风。此恨谁堪共说，

清愁付、绿酒杯中。佳期在，归时待把，香袖看啼红。

◎ 美妙的相遇，用花叶来游戏，用歌声来诉情。时光漫漫，如今你我天涯两端，思念再长，也填不满我们之间的距离啊。

小山词

辑五

P.228~P.255

◎ 留春令 ◎

画屏天畔，梦回依约，十洲云水。
手捻红笺寄人书，写无限、伤春事。
别浦高楼曾漫倚，对江南千里。
楼下分流水声中，有当日、凭高泪。

◎ 又 ◎

采莲舟上，夜来陡觉，十分秋意。
懊恼寒花暂时香，与情浅、人相似。
玉蕊歌清招晚醉，恋小桥风细。
水湿红裙酒初消，又记得、南溪事。

◎ 亦梦亦真，恍恍惚惚，离别的伤痛从水里浮上来，我泪如雨下。

◎ 莲花的清香是秋天的恩赐，忽然又想起陈年旧事，也许只有我一个人想起吧。

◎ 又 ◎

海棠风横，醉中吹落，香红强半。
小粉多情怨花飞，仔细把、残香看。
一抹浓檀秋水畔，缕金衣新换。
鹦鹉杯深艳歌迟，更莫放、人肠断。

◎ 野蛮的风声，脆弱的花瓣，掉落一地的是深深的哀怨。

◎风入松◎

柳阴庭院杏梢墙，依旧巫阳。凤箫已远青楼在，水沉谁、复暖前香。临镜舞鸾离照，倚筝飞雁辞行。

坠鞭人意自凄凉，泪眼回肠。断云残雨当年事，到如今、几处难忘。两袖晓风花陌，一帘夜月兰堂。

◎ 不知你身在何处，我心却在此守候。回想曾经的情深意切，便泪眼婆娑，叫人断肠。

◎ 又 ◎

心心念念忆相逢，别恨谁浓。就中懊恼难拚处，是擘钗、分钿匆匆。却似桃源路失，落花空记前踪。彩笺书尽浣溪红，深意难通。强欢殢酒图消遣，到醒来、愁闷还重。若是初心未改，多应此意须同。

◎ 分离太轻易，相逢太难。酒精不能麻醉的，是思念带来的愁绪。

◎清商怨◎

庭花香信尚浅，最玉楼先暖。
梦觉春衾，江南依旧远。
回纹锦字暗剪，漫寄与、也应归晚。
要问相思，天涯独自短。

◎ 江南遥远，远到梦里都无法到达；书信再多，也无法将他的归期提前。漫漫长长的相思啊！

◎秋蕊香◎

池苑清阴欲就，还傍送春时候。
眼中人去难欢偶，谁共一杯芳酒。
朱阑碧砌皆如旧，记携手。
有情不管别离久，情在相逢终有。

◎又◎

歌彻郎君秋草，别恨远山眉小。
无情莫把多情恼，第一归来须早。
红尘自古长安道，故人少。
相思不比相逢好，此别朱颜应老。

◎ 心念之人久离无音信，愿你心中长记挂着我，相信重逢还有时候。

◎ 你身已走远，我心亦跟随，思念如巨大的水流，卷走我此生所有的心事。

◎思远人◎

红叶黄花秋意晚，千里念行客。飞云过尽，归鸿无信，何处寄书得。泪弹不尽临窗滴。就砚旋研墨。渐写到别来，此情深处，红笺为无色。

◎ 浓云载着晚秋越走越远，飞雁空手而归，没有带来任何关于你的音信。我坐在窗前给你写信，写到最后，那些字迹早已悄悄地被泪水消融。

◎ 碧牡丹 ◎

翠袖疏纨扇，凉叶催归燕。一夜西风，几处伤高怀远。
细菊枝头，开嫩香还遍。月痕依旧庭院。
事何限，怅望秋意晚。离人鬓华将换。静忆天涯，
路比此情犹短。试约鸾笺，传素期良愿。南云应有新雁。

◎ 天涯路虽长，却比思情短，逝去的年华成了离人鬓角的白发。即使再无重逢日，我的思念也不会减。

◎ 长相思 ◎

长相思，长相思。
若问相思甚了期，除非相见时。
长相思，长相思。
欲把相思说似谁，浅情人不知。

◎ 除非情到深处，不然你永远无法理解相思的那种痛苦。

◎ 醉落魄 ◎

满街斜月，垂鞭自唱阳关彻。断尽柔肠思归切。
都为人人，不许多时别。
南桥昨夜风吹雪，短长亭下征尘歇。
归时定有梅堪折。欲把离愁，细捻花枝说。

◎ 有时候就害怕停下来，因为愁绪会迅速占领心事。离愁之苦该说给谁呢？也许只能跟雪后的梅花倾诉了。

◎ 又 ◎

鸾孤月缺，两春惆怅音尘绝。
如今若负当时节。
信道欢缘，枉向衣襟结。
若问相思何处歇，相逢便是相思彻。
尽饶别后留心别。
也待相逢，细把相思说。

◎ 又 ◎

天教命薄，青楼占得声名恶。
对酒当歌寻思着。
月户星窗，多少旧期约。
相逢细语初心错，两行红泪尊前落。
霞觞且共深深酌。
恼乱春宵，翠被都闲却。

◎ 两年未见，杳无音信，巨大的相思如山一般将我困住。即使你心有所属，我仍盼望着你我的相逢，只是不想辜负这片深情。

◎ 红尘为我下了定义，世俗泼了我一身的凉水。曾经的倾心相向换回空洞的誓言，只能与眼泪为伴，与忧愁结盟。

◎ 又 ◎

休休莫莫，离多还是因缘恶。有情无奈思量着。
月夜佳期，近定青笺约。
心心口口长恨昨，分飞容易当时错。
后期休似前欢薄。买断青楼，莫放春闲却。

◎ 明知人心很薄，却依然陷入旋涡，再美好的月光，也没有改变分离的结果。愿今生能遇到深情的人，为我赎身，予我美好。

◎望仙楼◎

小春花信日边来，未上江楼先坼。
今岁东君消息，还自南枝得。
素衣染尽天香，玉酒添成国色。
一自故溪疏隔，肠断长相忆。

◎凤孤飞◎

一曲画楼钟动，宛转歌声缓。
绮席飞尘满，更少待、金蕉暖。
细雨轻寒今夜短，依前是、粉墙别馆。
端的欢期应未晚，奈归云难管。

◎ 红梅花色正好，冬日思乡断肠。

◎ 夜晚的时间总是比欢快要短，不愿这热闹的场面失去得太快，怎奈我无能为力，只能惋惜。

◎西江月◎

愁黛颦成月浅，啼妆印得花残。
只消鸳枕夜来闲，晓镜心情便懒。
醉帽檐头风细，征衫袖口香寒。
绿江春水寄书难，携手佳期又晚。

◎又◎

南苑垂鞭路冷，西楼把袂人稀。
庭花犹有鬓边枝，且插残红自醉。
画幕凉催燕去，香屏晓放云归。
依前青枕梦回时，试问闲愁有几。

◎ 我吞下这秋日悲苦的月光，无心对镜梳妆。满纸思念的文字，却无法寄出，叫我怎能不借酒消愁愁断肠啊！

◎ 清冷的街路，楼阁空空荡荡，残花勉强地支撑着最后的风姿。待到梦境落到枕边，愁思绵绵。

◎武陵春◎

绿蕙红兰芳信歇，金蕊正风流。
应为诗人多怨秋，花意与消愁。
梁王苑路香英密，长记旧嬉游。
曾看飞琼戴满头，浮动舞梁州。

◎又◎

九日黄花如有意，依旧满珍丛。
谁似龙山秋兴浓，吹帽落西风。
年年岁岁登高节，欢事旋成空。
几处佳人此会同，今在泪痕中。

◎ 烂漫时节，纵想起那时欢愉，愁绪依旧暗暗渐生。

◎ 佳节难再相聚，欢乐难再续杯。天各一方是我们分离的结果，眼泪是我们分离的过程。

◎ 又 ◎

烟柳长堤知几曲，一曲一魂消。
秋水无情天共遥，愁送木兰桡。
熏香绣被心情懒，期信转迢迢。
记得来时倚画桥，红泪满鲛绡。

◎ 你在远方，归期难有，没有你的消息，生活变得苍白无力。愁情无法倾诉，只能化成泪水，打湿衣裳。

◎解佩令◎

玉阶秋感，年华暗去。掩深宫、团扇无绪。
记得当时，自翦下、机中轻素。点丹青、画成秦女。
凉襟犹在，朱弦未改，忍霜纨、飘零何处。
自古悲凉，是情事、轻如云雨。倚么弦、恨长难诉。

◎ 年华总有一天会逝去，待青春的韶华不再，余下的只是对生命的哀叹。

◎ 行香子 ◎

晚绿寒红，芳意匆匆。惜年华、今与谁同。
碧云零落，数字征鸿。看渚莲凋，宫扇旧，怨秋风。
流波坠叶，佳期何在，想天教、离恨无穷。
试将前事，闲倚梧桐。有消魂处，明月夜，粉屏空。

◎ 秋冬而至，一片萧条残景；年华易逝，不剩一滴欢愉。

◎庆春时◎

倚天楼殿，升平风月，彩仗春移。
莺丝凤竹，长生调里，迎得翠舆归。
雕鞍游罢，何处还有心期。
浓熏翠被，深停画烛，人约月西时。

◎又◎

梅梢已有，春来音信，风意犹寒。
南楼暮雪，无人共赏，闲却玉阑干。
殷勤今夜，凉月还似眉弯。
尊前为把，桃根丽曲，重倚四弦看。

◎ 歌舞升平的夜晚，灯影闪耀，琴声欢快，酒香溢满了屋子。相聚结束后的约定，更让人满满期待。

◎ 冬天的尾尖上，一个人看雪，雪花落满了孤独。不知重逢在何时，为解相思之苦，漫弹琴弦。

◎喜团圆◎

危楼静锁，窗中远岫，门外垂杨。
珠帘不禁春风度，解偷送馀香。
眠思梦想，不如双燕，得到兰房。
别来只是，凭高泪眼，感旧离肠。

◎忆闷令◎

取次临鸾匀画浅，酒醒迟来晚。
多情爱惹闲愁，长黛眉低敛。
月底相逢花下见，有深深良愿。
愿期信、似月如花，须更教长远。

◎ 无人的庭院，相思的泪眼，物是人非是一件多么可怕的事啊！

◎ 情到深处惹相思，月下相见，你的妆容如此精致，让我沉醉其中。多希望能长久相依，享尽世间繁华。

◎ 梁州令 ◎

莫唱阳关曲，泪湿当年金缕。
离歌自古最消魂，闻歌更在魂消处。
南楼杨柳多情绪，不系行人住。
人情却似飞絮，悠扬便逐春风去。

◎ 燕归梁 ◎

莲叶雨，蓼花风，秋恨几枝红。
远烟收尽水溶溶，飞雁碧云中。
衷肠事，鱼笺字，情绪年年相似。
凭高双袖晚寒浓，人在月桥东。

◎ 离歌激起思绪，沉浸在当年行乐中，人去多薄情，羁旅四方，哪里再相逢。

◎ 红意寥寥，轻烟遥遥，飞雁向南，秋光弥漫。每一处风景都能燃起我的心事，而我的心事，都与你有关。

图书在版编目（CIP）数据

小山词 / (宋) 晏几道著. -- 南京 : 江苏凤凰文艺出版社, 2018.5（2022.12重印）
ISBN 978-7-5594-1883-8

Ⅰ. ①小… Ⅱ. ①晏… Ⅲ. ①宋词 – 选集 Ⅳ. ①I222.844

中国版本图书馆CIP数据核字(2018)第070758号

小山词

晏几道 著　吕灵芝 译

责任编辑　邹晓燕　黄孝阳
出版发行　江苏凤凰文艺出版社
　　　　　南京市中央路 165 号，邮编：210009
网　　址　http://www.jswenyi.com
印　　刷　北京中科印刷有限公司
开　　本　787 毫米 × 1092 毫米　1/32
印　　张　8.5
字　　数　45 千字
版　　次　2018 年 5 月第 1 版
印　　次　2022 年 12 月第 17 次印刷
书　　号　ISBN 978-7-5594-1883-8
定　　价　42.00 元

江苏凤凰文艺版图书凡印刷、装订错误，可向出版社调换，联系电话025-83280257